トランスジェンダーってなに?

わたしらしく、LGBTQ

ロバート・ロディ、ローラ・ロス 著
上田勢子 訳
監修 LGBT法連合会

大月書店

"LIVING PROUD! GROWING UP LGBTQ: BEING TRANSGENDER"
by Robert Rodi and Laura Ross. Foreword by Kevin Jennings Founder, GLSEN (the Gay, Lesbian & Straight Education Network)
Copyright © 2017 by Mason Crest, an imprint of National Highlights, Inc.
Japanese translation rights arranged through Seiko Uyeda.

Picture credits: 8, KaninRoman/iStock; 10, Kais Tolmats/iStock; 15, Syda Productions/Shutterstock; 19, DegasMM/iStock; 20, Richee, E.R./Newscom/Album; 24, Zooropa/Fotolia; 26, Karen Struthers/ Fotolia; 30, lev radin/Shutterstock; 35, Achels/Fotolia; 37, kutena/Shutterstock; 41, TransActive; 44, Izumi Hasegawa/Hollywood News Wire/Newscom; 46, Monica Helms/Wikimedia Commons; 47, PR Photos; 49, Vanity Fair/ZUMA Press/Newscom; 53, Diana Mrazikova/ZUMA Press/Newscom

シリーズ推せんの言葉

尾木直樹
（教育評論家、法政大学教職課程センター長・教授、臨床教育研究所「虹」所長）

　近年、日本でも急速に認知度が高まりつつあるLGBTQ問題。文部科学省も2016年４月より、全国の小中学校・高校で性の多様性を尊重したサポートに取り組むよう強調しはじめました。
　最近の調査によれば、日本では13人に１人の割合でLGBTに該当する人がいるといいます。中学では不登校の生徒が36人に１人と言われていますから、その３倍近くにもなります。
　「自分のまわりにはLGBTQの人はいません」という人もいるかもしれません。でも、ひょっとしたら「いない」のではなく、「言えない」から気づけないだけかもしれません。実は"マイノリティ"（少数者）とは言えないほど身近な存在なんです。
　こうした現状を踏まえ、文科省は９項目にわたる支援の具体例を各学校に通知しています。たとえば、戸籍上は男性であっても、水着は上半身が隠れるものを着用していいとか、制服だけでなくジャージ着用も認めるようにとか、多目的トイレや職員用トイレの使用を認めるように、などというものです。これらは、LGBTQの子どもたちの人権を守る上でも、個によりそうインクルーシブ（包摂的）教育を実現する上でも、高く評価されるべき改善点といわなければなりません。
　しかし、日本のLGBTQの子どもたちに対する差別やいじめは、きわめて深刻です。「学校でいじめや暴力を受けたことがある」LGBTは約

7割で、そのうちの3割以上が「自殺を考えた経験がある」との調査結果も出ています。さらに、ある国際団体がおこなった調査によれば、「教師がLGBTに対する否定的な言葉や暴言を言うのを聞いたことがある」と回答した性的少数者は、なんと3割にものぼるといいます。

また、支援したくても方法がわからず困惑している教員も少なくないようです。本来であれば子どもたちをサポートすべき立場の教員でさえも、まだまだLGBTQについてじゅうぶんに理解しているとは言いがたいのが現状なのです。

子どもたち一人ひとりがありのままに輝き、自分らしく学校生活を送るために、なんとしてもLGBTQに関する授業を実践しなければならないと思います。

実は、わたしも最近、東京の公立小学校の5年生を対象にLGBTQの授業をおこなう機会を得ました。わたし自身、小学校での授業経験がない上に、前例の少ないテーマに悪戦苦闘。どこかにいいテキストはないかと、もどかしい思いをしたものです。

ですから、その授業のあとに本書を手にしたとき、「もっと早く出会いたかった！」と悔しさすら感じました。LGBTQのいわば〝先進国〟であるアメリカで生まれた本書には、科学的な理解にもとづいた最新の知見が、わかりやすく解説されているのです。エビデンス（根拠）もきちんと示されていて説得力ばつぐん。さらに、カミングアウトの際の注意点や、どのようにセクシャルマイノリティの人びとの人権が保全されるべきかなど、本人と周囲の人びとが直面するさまざまな問題点について、社会的な広い視野から具体的にアドバイスをしてくれています。

本書の舞台となっているアメリカでも、日本と同様に、LGBTQの人びとの苦悩は筆舌につくしがたいものがあります。

LGBTQの子どもの3分の2以上が、学校で日常的に差別する言葉を

耳にしており、60％以上もが、学校を安全な場所と思えないと感じているようです。また、LGBTQの子どもたちの自死や自死未遂は、そうでない子どもの4倍にものぼる実態があります。

　他方では、2015年にアメリカの全州で同性婚が合法化されるなど、大きな前進もみられます。いまやLGBTQを理解し問題を解決していくことは、世界共通の緊急の課題なのです。

　本書は、構成や編集のしかたも実に工夫されています。なによりも、読者である学び手の側に丁寧によりそっています。「学びのための教科書とは、かくあるべし」という模範的なテキストとなっています。

　全4巻のこのシリーズを読めば、子どもも大人も、LGBTQつまり性自認や性的指向の多様性について真に理解し、ありのままの自分を認め、他者と共生するとはどういうことなのか、気づかされるのではないでしょうか。子どもたちにも、また教師や保護者にも、輝いて生きる明るい展望をあたえてくれるはずです。

　自信をもって、心から本書を推せんします。ぜひ、お読みください。日本だけでなく、多くの国で本書が翻訳され、広く読まれることを願います。

わたしらしく、LGBTQ ③　トランスジェンダーってなに？　**もくじ**

シリーズ推せんの言葉（尾木直樹）　3
1　ジェンダーってなんだろう……………………………………9
　　生物学的な性とジェンダーのちがい　　11
　　性別役割とセクシュアリティ（性のありよう）　　12
　　もっと知りたい！　身体の性別（雌雄）とジェンダー　　13
　　「男らしさ」という神話　　14
　　もっと知りたい！　ジェンダーにまつわる根深い偏見　　16
　　性別役割は、まだ進化の途上　　16
　　もっと知りたい！　生まれる前からはじまるジェンダーの"おぜん立て"　　18
2　トランスジェンダーってなんだろう……………………21
　　多様なジェンダー・バリエーション　　23
　　クロスドレッサー――異性装をする人びと　　25
　　もっと知りたい！　インターセックス（DSD）　　27
　　性別移行――MtF＝男性から女性へ、FtM＝女性から男性へ　　27
　　トランスジェンダー＝同性愛ではありません！　　28
3　トランスジェンダーとして育つ……………………………32
　　ホルモン療法で第二次性徴をおさえる　　33
　　小さい子にはわからない？　　35
　　親の不安ととまどい　　36
　　性自認を封じこめることの問題性　　38
　　もっと知りたい！　トランスジェンダーのコミュニティ　　42
4　大人になる〜トランスジェンダーとして生きること……45
　　受容と拒絶はうらおもて　　48
　　トランスジェンダーの人びとに対する世間の見方を変える　　51
　　困難を乗りこえる価値　　52
　　もっと知りたい！　性別のない呼びかたはできる？　　52

　　用語解説　　55
　　さくいん　　60

LGBTQって？

- **L：レズビアン**（女性を好きになる女性）
- **G：ゲイ**（男性を好きになる男性）
- **B：バイセクシュアル**（両方の性別を好きになる、または相手の性別にこだわらない人）
- **T：トランスジェンダー**（身体の性別に違和感があり、別の性として生きたいと望む人）
- **Q：クエスチョニング**（性自認や性的指向を模索中の人）または**クィア**（規範的異性愛以外のあらゆるセクシュアリティ）

こうした多様な性のありかたを総称して「LGBT」または「LGBTQ」とよびます。本文ではおもに「LGBT」としていますが、意味はほぼ同じです。

この本に出てくるマークについて

たしかめよう　それぞれの章で学んだことを確認するための質問です。答えに迷ったら、もう一度本文に戻って復習しましょう。

キーワード解説　それぞれの章のポイントとなる言葉の説明を、章のはじめにまとめています。はじめに読んでおけば、内容がよりよく理解できます。

用語集　このシリーズに出てくる用語の解説を、巻末にまとめて載せています。もっと詳しい本や記事を読んだり理解したりするのに役立ちます。

チャレンジしよう　それぞれの章で学んだことについて、もっと深く調べたり、考えてみたりする手がかりとして、身近で取り組める課題を提案しています。

もっと知りたい！　新しい知識や視点、多様な可能性、幅広い見方を提供してくれる情報をコラムとして本文中にちりばめました。こうした情報を組み合わせることで、より現実的でバランスのとれた見方ができるようになります。

従来、男の仕事とされていたもの（たとえば兵士など）が女性にも開かれたことは、人びとのジェンダーに対する考えかたを大きく変えました。

1 ジェンダーってなんだろう

> 📋 **キーワード解説**
>
> **女々しい**：女性的とされる特性を男性がもつこと。
> **規範的**：社会のなかで、正常で好ましいと考えられる行動。
> **二元論**：ものごとを二つひと組でとらえ、二通りしかないとする考えかた。
> **あいまい**：はっきりしない、混乱していること。
> **ジェンダー（社会的性別）**：男らしい・女らしい、どちらともちがうなど、身体の性別にもとづいて社会が決める性別のこと。

　ほとんどの人は生まれたときに、男性か女性、どちらかの性だとみなされます。つい最近まで、誕生したときのたった一度の判断が、その人の一生を左右してきました。どんな服装をするか、なにをして遊ぶか、どんな教育を受け、どんな職業につくか、人生のパートナーにだれを選ぶか……生まれたときにあてがわれたジェンダー（社会が決めた性別）が、社会からの期待や、その人に開かれる可能性を大きく規定してきたのです。

この写真を見れば、どちらがバービーで
どちらがケンか、ひと目でわかります。
バービーは長い髪(かみ)にピンクのドレスで、
ハイヒールをはいています。いっぽうケン
は短髪(たんぱつ)で、青い服に平靴(ひょうぐつ)。これらはいずれ
も、生物学的な性に対して、わたしたちの
文化が割(わ)り当てたジェンダー特性です。

しかし、20世紀の中ごろから、ジェンダーをめぐる状況は変わりはじめました。それまで男性の仕事とされてきた医師や警官といった職業を選ぶ女性がふえただけでなく、数は少なくとも、口紅やアイラインを塗ってロックバンドで歌う男性や、家庭で子育てすることに生きがいを感じる男性も目立つようになりました。もちろん、「男まさり」な女性や「女々しい」男性に対する批判的な見方は、いまだに根強くありますが、21世紀に入って、それまで押しつけられてきた厳格な性別役割が、より柔軟になってきたといえるでしょう。

　いまでも、昔ながらの性別役割に沿って生きる男の子や女の子はたくさんいますが、そうでない子がいてもさほど驚かなくなりました。ハロウィンの仮装でプリンセスになりきる男の子や、軍隊に入って前線での戦いに志願する女性もいます。男であること・女であることは、生まれもった生殖器のちがいにとどまらず、もっとずっと複雑なのだということを、わたしたちは理解しはじめています。

　わたしたちは、長いあいだ「（身体の）性」と「ジェンダー」という二つの言葉を同じ意味で使ってきましたが、実際はまったくちがうものなのです。

生物学的な性とジェンダーのちがい

　わたしたちが慣れ親しんできた性別役割には、実は生物学的な根拠はありません。その人がどう行動するかは、身体的な性とはなんの関係もないのです。生物学的に女性だからといって、かならずしも花やレースが好きなわけではなく、男性だからといって、かならずしもスポーツや車が好きなわけでもありません。そうした伝統的な性別役割から自由になることを、「性別規範に合わせない生きかた」といいます。つまり、生まれたときの性別にあてがわれた役割にとらわれたくない、ということ

とです。

　トランスジェンダーの健康について研究するローラ・エリクソン゠シュロス医師は、こう述べています。「性自認はその人の内面にあるものですが、性別役割は社会からあてがわれるものです。身体がどうであれ、性別役割にとらわれる必要はないと、子どもたちに教えなくてはなりません。性別規範に合わせない生きかたをする人のなかには、生まれもった身体に違和感はないものの、ジェンダーにもとづいて男女それぞれに求められる規範的な行動には従いたくない、と考える人もいます」

　これはたしかに大きな進歩ですが、道のりはまだ遠いといえます。アメリカでは、性別規範に合わせない女性はめずらしくありませんが、男性ではまだそれほど多くありません。

性別役割とセクシュアリティ（性のありよう）

「わたしたち女性は、やりたいことはなんでもできる時代に生きています」

　そう語るキャロライン・ジエーガは、30代のシングル女性です。彼女は自分の家をもち、医療関係の仕事で順調にキャリアを積んできました。「でも、男性にとってはまだまだ制約があります。壊れた物を修理するのは男性の仕事。男性は強くて安定していなければいけない。女性が男性と同じことをするのは『ふつう』だけれど、伝統的に女性がしてきたことを男性がすると『変だ』と思われたり、ゲイ（同性愛）だとみなされたりするんです」

　性別規範に合わせない男性にとって、こうした伝統的な役割や社会のルールは、とてもわずらわしいものです。男の子が、歌ったり踊ったりするのが好きだったり、ドレスを着たがったりすると、「ゲイ（「おかま」）じゃないの」などと言われます。しかし、性別役割と性的指向（だれを

もっと知りたい！　身体の性別（雌雄）とジェンダー

　多くの人が、社会的性別（ジェンダー）と生物学的な性（雌雄）を同じものとみなしていますが、実際にはこの二つはちがう概念です。WHO（世界保健機関）は以下のように区別しています。
- 生物学的な性とは、男女（雌雄）を定義する、生物学的および生理学的な特性。
- 社会的性別（ジェンダー）とは、ある社会が男女それぞれにとって適切とみなす役割や行動や特質で、社会的につくられたもの。

　つまり「雄（男）」「雌（女）」は生物学的な性の類型で、「男らしさ」「女らしさ」は社会的性別（ジェンダー）の類型です。生物学的な性は、どの文化圏でも大差ありませんが、ジェンダーをめぐる状況は、大きく異なる場合があります。

生物学的な性にもとづく特性の例
- 女性には月経があるが、男性にはない。
- 男性には睾丸があるが、女性にはない。
- 女性には母乳をつくる乳房があるが、男性にはない。
- 男性の骨は一般的に女性の骨より重い。

社会的性別（ジェンダー）にもとづく特性の例
- 多くの国で、女性は男性と同じ仕事をしても、稼ぎがだいぶ少ない。
- 多くの国の軍隊で、男性は前線、女性は後方支援というように、役割がちがって当然と考えられている。
- サウジアラビアでは、男性は車を運転できるが、女性には許されない。
- 多くの開発途上国では、男性は大学などの高等教育を受けられるが、女性は受けられない。
- 世界の大部分で、女性は男性よりも、家事と子育てに関する責任が重い。いっぽう男性は、働いて家族を養うことを期待される。

好きになるか）は、かならずしも連動していません。男まさりの女の子でも、成長すると異性愛になることが多いですし、女の子の遊びや服装が大好きな男の子が、異性愛になることもよくあります。

　ニューヨーク大学の研究者マデリン・ヘイルマンと、コロンビア大学に勤めるアーロン・ウォーレンによると、従来女性の仕事とされてきた分野で男性が成功した場合、同僚から「気が弱い」などとみなされ、軽んじられやすいといいます。逆に、従来男性の仕事と考えられてきた分野で女性が成功した場合は、尊敬されることが多いのです。

「男らしさ」という神話

「多くの人が、女性的な男性はたいていゲイだと思っていますが、これはあまりにせまい見方で、ゲイの男性にとっても、ストレート（異性愛）の男性にとっても迷惑な話です」

　ニューヨーク州西部でトランスジェンダーの支援活動をするヘレナ・バレットは、このように言います。「"男らしく"なるためにどう行動すべきか、男性はなにかと制約を受けがちです。女性よりもずっと。でも、ちょっと考えてみれば、これはまったくおかしなことです。近年はそう考える人がふえていて勇気づけられます。だれもが自分らしくいることができれば、もっと幸せになれるんだと、多くの人が気づきはじめたのです」

　それでも長年の習慣はすぐには変わりません。わたしたちは現在でも、生まれたばかりの赤ちゃんを、身体の性のほうに押しやろうとします。男の子には青い服を着せ、女の子にはピンクを着せるとき、ジェンダー二元論、すなわち、性には男か女かの二通りしかなく、それは変えられない生物学的決定だ、という考えを肯定しています。成長する過程で、自分の性別役割をいごこち悪く感じる少年や少女は、そこから抜け出す

ために、苦しみや困難を強いられるかもしれません。

「いつの時代も、あいまいさは歓迎されません」。スポーツにおけるジェンダー二元論を研究するブリンモア大学の学生、レイチェル・カーンは言います。「人間はカテゴリー（分類）に分けるのが大好きで、そのカテゴリーにぴったりあてはまらない人がいることをいやがるのです」

この写真のように、ビジネスの場における男女の服装は似かよっています。ビジネスウーマンにとって望ましいとされる服装は、男性の服装とほぼ同じです。でも、女性がビジネスの世界で尊敬されるために、男性のような服装とふるまいが求められるのはなぜでしょう？

もっと知りたい！　ジェンダーにまつわる根深い偏見

　社会学者のなかには、今日でもいまだに、女性的な特質は見下されていると考える人もいます。女性が男性的な服装をして男っぽくふるまうのはいいけれど、男性が女性のような服装をし、女っぽくふるまうのは認められにくい。それは、いわゆる「男らしい」行動が強さや有能さ、専門性などと同一視され、尊敬されているからで、逆に「女っぽい」性質、たとえば子育て、繊細さ、創造性などは、弱さやどうでもいいものと考えられているからだといいます。

　女性が男性の性別役割をとりいれても、かつてのような差別を受けることはないでしょう。しかし、男性が性別役割の壁を越えようとすると、強い差別にあいます。生物学的な性のちがいによる偏見や差別は克服されつつありますが、ジェンダーにもとづく差別はいまだに存在するのです。

性別役割は、まだ進化の途上

　ここまで読んだことをまとめてみましょう。男女の性（生物学的な性）に対して、社会が割り当てる「こうあるべきだ」というふるまいや特性のまとまりがジェンダー（社会的な性別）です。男女に対する社会通念の変化にともなって、性別役割も変わっていきます。何世紀ものあいだ、社会は女性を男性よりも価値のないものと考えてきましたが、文明の発展とともに、女性も選挙権や被選挙権など、基本的な権利を平等に得られるようになりました。

　先ほど登場したトランスジェンダー支援団体のバレットは、過去100年間に起きた社会の変化の歴史をたどるだけでも、男女の性別役割がいかに変化し、広がったかがわかると言います。「そこからわかるのは、今後100年間に、さらに多くの変化があるだろうということです。現在

の見方が唯一の正解だという考えかたは傲慢です。人類はつねに前進し、進化しつづけているのですから」

　バレット自身は、きわめて伝統的な性別役割を守る厳格な家庭に育ちました。いつもスカートをはかされ、母親から「女の人生の目的は結婚して子どもを産むこと」だと言い聞かされました。大学へ行くことも応援してもらえず、結婚して家庭をもつまでは親と同居するよう言われていました。

「そうした行動がまちがっているわけではありません。本人が心からそうしたければそれもいい。でも問題は、あまりに小さいころからそれがはじまることです。まだ自分がどんな人間なのか、じゅうぶんに理解できない子どもは、周囲の人が言ったりしたりすることに従うほかありません。その行動が本当に自分に合っているかどうか、わからないまま。もしも子ども時代のわたしに選択肢があったとしたら、毎日スカートをはいたかどうかわかりません。ひとつ確実にいえるのは、いまのわたしは、いっさいスカートをはかないということです。それでも、わたしが女性であることになんら変わりはありません」

　けれども、生物学的には女性に生まれながら、自分を女性だと感じないために、スカートはいっさいはかず、ズボンやジャケットを着ている人の場合はどうでしょう。もしもこの人が、自分を男性だと自認していたら？

　これは明らかに、「性別規範に合わせない生きかた」を超えた問題です。これこそが「トランスジェンダー」ということなのです。

もっと知りたい！ 生まれる前からはじまるジェンダーの"おぜん立て"

　今日では、出産前から赤ちゃんの性別がわかるようになりました。もともと超音波検査は妊娠中のトラブルを見つけるために使われていましたが、いまでは子どもの性別を親に知らせるためにも使われています。赤ちゃんの性別が前もってわかれば、親や友だちや家族がどんな服やおもちゃを買えばよいかがわかるので便利ですが、そこにはしばしばジェンダーにまつわる先入観が入ります。名前の選びかたはもちろんのこと、赤ちゃんが寝る部屋の飾りつけまでもが、新生児の性別によって変わってきます。こうした選択によって赤ちゃんは、生まれる前から性自認の発達のおぜん立てをされるのです。

　「男はこうあるべき」「女はああでないと」といった先入観は、それぞれの文化や家族ごとにもちがいます。人はみな、赤ちゃんが生まれた直後から、その性別に適すると思う方法で接します。たとえば男の子よりも女の子のほうが、両親からよく抱っこされます。男の子はより自己主張できる遊びをするよう仕向けられ、女の子はやさしさを求められます。赤ちゃんをどのようにあつかうかは、たいていの場合（すべてとは言いませんが）、その子の身体的な性にもとづいて決まるのです。

 ## たしかめよう

- 男女それぞれのジェンダー特性で、この章に出てこない例をあげてみましょう。
- ジェンダーがあいまいなことを、人はなぜいやがるのでしょうか。
- ジェンダーに合わせて生きるべきだという考えかたは、どんな場面で表面化するでしょうか。

母親たちは、赤ちゃんが生まれる前から、女の子にはピンク、男の子には青の服を選ぶことで、性自認を形成しようとします。

❗ チャレンジしよう

- かつてはいっぽうの性にしか開かれていなかった職業で、いまでは両方の性に開かれているものを挙げてみよう（たとえば、飛行機の客室乗務員や車の修理工など）。
- 何十年か前の古い恋愛映画や恋愛コメディを見てみよう。そのストーリーは、性別役割がよりゆるやかになった現代でも通用するだろうか。
- あなたやあなたの家族には信じる宗教があるだろうか。その宗教では、性別役割の考えかたは以前より多様化しているだろうか、それとも厳格な男女二元論だろうか。それについて、あなたはどう思うだろう？

1920年代から30年代に活躍した映画女優で歌手のマレーネ・ディートリッヒは、映画の中でも私生活でも、よく男装をしてジェンダーの規範を揺るがしました。

2 トランスジェンダーってなんだろう

📋 キーワード解説

LGBT：レズビアン、ゲイ、バイセクシュアル、トランスジェンダーの頭文字をとった略語。「模索中（クエスチョニング）」のQを加えて「LGBTQ」ということもある。QはクィアのQでもある。男女だけでなく、さまざまな性自認がありうることをあらわしている。

バリエーション：たとえば、ジェンダーのような大きなカテゴリーの中に存在する、少しちがった形、多種多様な形をさす。

スペクトラム（連続体）：バリエーションが集まって、幅広い連続体となること。

ステレオタイプ：偏見や固定観念。ある人を判断するとき、その人が属する特定の集団に対する考えかたにもとづいて（多くの場合、不公平な見方で）判断すること。

ペルソナ（表の顔）：演じられたキャラクターや人格。俳優やタレントによって演じられるもの、または現実生活で別人のようにふるまうことをさす。

クロスドレッサー、トランスセクシュアル、ドラァグクィーン〔日本では、たとえば「ニューハーフ」「男の娘」「オネエ」など〕……いずれも、従来の性別の観念から外れた服装や行動、生活スタイルを、あえて選ぶ人たちをさす言葉です。それぞれの言葉はたがいに関連していますが、その意味するところは少しずつちがうので、混乱を招くこともあります。こうした人たちのことを、ひっくるめて「トランスジェンダー」と呼ぶこともあります。
「新しいことを学ぶときに、専門用語が出てくると、とてもむずかしく感じるものです」
　トランスジェンダーを研究するエリクソン＝シュロス医師は、「ニューヨーク・タイムズ」の読者の質問に、こう回答しています。
「とくに人種やセクシュアリティなど、アイデンティティに関する用語はどんどん変わるので、よけいにたいへんです。ある用語の意味をどうとらえるかは、同じ時代でも、属する集団によってちがうことがあります。たとえば最近の若い人は『トランスジェンダー』という言葉を『トランス』と縮めて使っていますが、短縮語は人によって、ちがう意味をもつこともあります」
　ペンシルバニア州立大学のLGBT支援グループ共同代表のアレックス・エイツは、学生たちとジェンダーについての討論会を開きました。その目的のひとつは、とくに自分の周囲にトランスジェンダーの人がいない人たちに、わかりにくい用語を理解してもらうことでした。討論会のなかで、従来の性別役割に合わせない人びとをどう呼べばいいか、という質問が多く出ました。アレックスは、できるだけシンプルにこうまとめました。「トランスジェンダーという言葉は、ジェンダーのあらゆるバリエーションを包括する言葉です」。その反対語として、生まれたときにあてがわれた性別と、実際に自認する性別が一致する人をさすの

に、最近では「シスジェンダー（同位置にあるジェンダー、略して「シス」）」という言葉も使われるようになりました。

　自分の性別表現が、社会の期待するものと一致していないと感じる人は意外に多くいます。車の修理ができ、ネクタイをするような強くて男まさりの女性や、フラワーアレンジメントを楽しむような女性的な男性も、このバリエーションのひとつです。自分は男女どちらにも属さないと感じる人や、性別自体にまったく共感を示さない人も、そこに含まれます。手術をして、身体を別の性に変えようとしている人が含まれる場合もあります。こうしたジェンダーのバリエーションをアメリカでは「ジェンダークィア」、日本では「Xジェンダー」と呼ぶこともあります。

多様なジェンダー・バリエーション

　エリクソン゠シュロス医師によれば、「なかには自分の性自認は中性的だという人もいます。バイジェンダー（男女双方の感覚や社会的特徴をあわせもつ）あるいはノンジェンダー（ジェンダーなし）を自称する人もいます。二元化された性別にとってかわる言葉として、ジェンダークィア〔日本では「Xジェンダー」〕という言葉を使う人もいます」

　トランスジェンダーの情報を紹介する「トランスセクシュアル・ロードマップ」（tsroadmap.com）というウェブサイトを見ると、これまで「男か女か」に二元化されていた性別に対する、さまざまなとらえかたが紹介されているとエリクソン゠シュロス医師は言います。「トランスセクシュアル〔かつては「性転換」、現在は「性同一性障害」と訳されます〕という言葉は、性別適合手術を受けた人をさすことが多く、やや古い用語です。手術をしなくても、生まれたときに付与された性別とは別の性別で生きることはできます。そのため、『トランスセクシュアル』の代わ

ジェンダーは白か黒かに分けられるものではありません。
虹のように、なだらかなバリエーションと色合いがあるのです。

りに『トランスジェンダー』という言葉がよく使われるようになりました」

トランスジェンダーの友人と家族の支援グループを運営するヘレナ・バレットは、「トランスジェンダーは幅広い**スペクトラム**（連続体）です。多種多様な生きかたをしている人がいるので、ひと言で定義するのはとてもむずかしい」と言います。「本人でさえ、自分のことをどう理解すればいいか苦労します。自分がほかの人とちがうというのはすぐに気づきますが、それならどうすればよいか、自分はどこに属するのかは、すぐに見つかるわけではありません。時間と理解が必要なのです」

クロスドレッサー──異性装をする人びと

「クロスドレッサー」という言葉は、ふつう女装する男性をさします。トランスベスタイト（異性装者）という言葉もあります（エリクソン＝シュロス医師によると、この二つの言葉は、女性が男装する意味で使われることはほとんどありません。その理由は、「女性が男装をすることに対して社会がより寛容だからでしょう」）。クロスドレッサーは、別の性として四六時中すごすのではなく、特定の状況のときだけ女装することが多いようで、その多くは異性愛の男性であると自認しています。

「ドラァグクィーン」は、エンターテイメントの目的で女性を演じる男性をさし、「ドラァグキング」は逆に男性を演じる女性をさします。

「異性装で他の性を演じる人は、しばしばそのジェンダーの**ステレオタイプ**を誇張した、エキサイティングな**ペルソナ**（キャラクター）を演じます。ステージ上の人格は、演ずる人の性自認（多くの場合、生まれたときに割り当てられた性と一致している）とは別ものなのです」

言いかえれば、女装パフォーマーの多くは、日常では男装して男性として生活し、伝統的な男性としての性別役割を果たしています。かれら

エンターテイメントとして、女装と化粧をほどこして女性を演じる男性パフォーマーを「ドラァグクィーン」と呼びます。

のジェンダーは流動的で、遊びの延長にも見えますが、なかにはそれが自分自身の根幹にかかわる大事な部分だという人もいます。どちらの状態も、たしかにジェンダーのバリエーション（多様性）をあらわしているといえるでしょう。

「自分自身の性自認に気づき、自分らしい性のありかたを探求する機会をもてれば、何が自分にとって最良かを見つけることができます。そのために家族や友人がサポートできることも、たくさんあるのです。研究がすすむにつれ、より多くの人が、自分のジェンダーを理解するための支援を得られるようになりました」とエリクソン＝シュロス医師は説明しています。

もっと知りたい！　インターセックス（DSD）

　驚く人もいるかもしれませんが、男性と女性の両方の生物学的特徴をもって生まれる人もいます。以前は「両性具有」などと呼ばれていましたが、近年は「インターセックス」と呼ばれます〔日本ではDSDまたは性分化疾患とよばれる状態です〕。赤ちゃんが男女両方の生物学的特徴をもって生まれると、多くの場合、親や医師がその場で最善と思われる性別を選び、赤ちゃんはその判断にそって育てられます。しかし調査の結果、成長してから、育てられたジェンダーとはことなるジェンダーを選ぶ人もいることがわかってきました。

　「性は多様であることが証明されていますが、世の中はいまだに『性は二つだけ』との見方にこだわっています。最近まで、医師の多くは、性別二元論に適応させるためにどちらかの性を選択すべきだとして、子どもが小さいうちに手術をほどこし、インターセックスの存在を消し去ろうとしていました」とエリクソン＝シュロス医師は言います。

性別移行──MtF＝男性から女性へ、FtM＝女性から男性へ

　一部の人にとって、新しい性自認へ移行することは、意識的な決断だけで可能です。クロスドレッサーのための雑誌『トランスベスティア』を立ちあげたバージニア・チャールズ・プリンスは、こう書いています。「少なくともわたしには、身体的な性とジェンダーのちがいがわかる。その上で、身体的な性ではなく、ジェンダーだけを変えようと決めたのです」

　しかし、いっぽうでは、ジェンダーと身体的な性の両方を変えようとする人もいます。これには何年もかかることがあります。ホルモン療法、心理カウンセリングと評価、外科手術などは、この複雑な医療プロ

セスのごく一部です。「医療業界は、積極的にトランスジェンダーの人たちを支え、必要なサービス提供の手助けをするようになりました」とヘレナ・バレットは言います。

多くの資料やインターネットの情報では、トランスジェンダーをTG、トランスセクシュアルをTSと記しています〔日本では現在、トランスセクシュアルを「性同一性障害（GID）」と呼んでいます〕。MtF（Male to Female＝男性から女性に移行）は、生まれたときに男の子とされたが、性自認は女性である人のことです。逆にFtM（Female to Male＝女性から男性に移行）は、生まれたときに女の子とされたが、自分を男性であると自認している場合です。MtFをたんに「トランス女性」、FtMを「トランス男性」と呼ぶ人もふえています。エリクソン＝シュロス医師のようなメンタルヘルスの専門家がふえ、性自認にまつわる要因をよりよく理解するための研究を続けています。

トランスジェンダー支援団体のバレットは、「トランスジェンダーであること自体は、メンタルヘルス上の問題ではありません」と語ります。「しかし、だれもがそうであるように、トランスジェンダーの人も、性自認にまつわる問題を解決しようとして生じる感情やプレッシャー、ストレスについて理解し適切に対処するために、メンタルヘルスの専門家の助けを借りることは、いいことだと思います」

トランスジェンダー＝同性愛ではありません！

これまでの例からも、性自認が、性的指向（だれを好きになるか）とはちがい、きわめて複雑なものだということがわかったことでしょう。トランスジェンダーの人が同性愛者であるとはかぎりません。ゲイ（同性愛）かストレート（異性愛）かという区別も、実は混乱のもとになります。たとえば、トランス男性（生まれたとき女の子とされたが、男性と

して生きている人）が女性に惹かれた場合は、自分を異性愛だと感じることが多いのです。

「トランスジェンダーの人とつきあうと、むずかしいことに行きあたります」

バレットは、トランス男性と長いあいだパートナー関係にあった自分の経験からこう語ります。「彼と出会うまで、わたしは自分をレズビアンだと自認していました。でも彼にそう言うと、とても怒りました。彼はまだ生物学的に女性でしたが、自分を男性と自認していたのです。だから彼に言わせれば、わたしたち2人は女性と男性の恋愛関係で、すなわち『ストレート（異性愛）』の関係なのです。そうしたことは、ただのラベルにすぎないのかもしれません。でも、他人にどう見られるかは自分たちの考えかたにも影響するため、わたしたちにとっては大事なことなのです。周囲から『女性どうしのカップル』だと思われることは、彼から男性としてのアイデンティティと感情を奪ってしまうことなのです」

こうした問題や混乱の可能性を考えると、トランスジェンダーを自認している人のことをどう呼べばいいのか、とまどう人も多いでしょう。エリクソン＝シュロス医師はシンプルなアドバイスをしています。「その人自身に、自分の性をどのように自認しているかをたずねてください。結局、もっとも大切なのは、その人自身の考えなのですから」

もしも子どもが性別規範に合わせないようすを見せたときは、自分をどう見ているかを本人にたずねることが、もっとも大切です。子どもはだれでも成長の過程で、セクシュアリティやアイデンティティに悩むものです。そして、トランスジェンダーの子どもたちにとって、その悩みは比較にならないほど大きいのです。

人権擁護活動家として有名なジャネット・モックが書いた本『現実を再定義する──女性性、アイデンティティ、愛を探して』は「ニューヨーク・タイムズ」のベストセラーに選ばれました。

❓ たしかめよう

- 「ジェンダーのバリエーション」と「トランスジェンダー」のあいだには、ちがいがありますか？
- 「異性装」も「性同一性障害」も、性別規範に合わせない生きかたのひとつですが、それぞれことなります。トランスジェンダーと考えられるのはどちらでしょうか？
- ジェンダーのバリエーションのなかで、同性愛はどんな位置をしめるでしょうか。
- 「トランス男性」や「トランス女性」とのパートナー関係は同性愛でしょうか。

❗ チャレンジしよう

- 自分の日ごろの服装が、自分の性自認をどう示し、周囲にどんなサインを送っているかを考えてみよう。
- ファッション雑誌を見て、クロスドレッシング（異性装）が一般(いっぱん)に受け入れられるようになったものがあるか探(さが)してみよう。たとえば女性がジャケットとネクタイを着ること、男性がハンドバッグを持つこと、など。
- 多様なジェンダーを生きる著名人(ちょめいじん)（同性愛でも異性愛でも）のリストを作り、かれらのキャリアや人気にそれがどう影響しているか、かれらはどう見られているかを考えてみよう。性的指向や性自認についてカミングアウトしたことは、かれらにとってプラスだっただろうか、マイナスだっただろうか。それは問題とされるべきことだろうか？

◆ トランスジェンダーについて、日本語での解説サイトもふえています。
GID info　http://gidinfo.jp/prepare/gender-identity-matome/

3
トランスジェンダーとして育つ

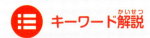 **キーワード解説**

ホルモン：からだの中でつくられる自然の化学物質。成長や性的発達に影響をあたえる。
内分泌科医：ホルモンの病気や不調の治療を専門とする医師。
トラウマ（心的外傷）：強い衝撃を受けて、長く残る心の傷。

　アルマンドは2歳のころ、ミニーマウスのドレスを着たまま脱ごうとしませんでした。アルマンドの母親はこう回想します。「あの子は足をふんばって、絶対いや！ と宣言したんです。寝てもさめても、そのドレスばかり着ていました」

　アメリカの公共ラジオ局NPRは、アルマンドとその家族の物語を放送しました。プライバシーを守るために名前だけで、苗字までは公表されませんでしたが、家族はその番組で、アルマンドが性自認のことでど

れほど悩んだかを、はっきり語っています。

　アルマンドは生まれたとき男の子と診断されましたが、数年たち、このラジオ番組が放送されたころには、両親ともアルマンドのことを「娘」と呼ぶようになっていました。近所の人になにを言われるか怖かった両親は、女の子の服を着るのは家の中だけね、と説得しましたが、アルマンドは断固として拒否しました。そして、しょっちゅう癇癪を起こし、怒ったり泣いたりして、いつも不機嫌でした。両親は医師に相談し、あらゆる診断や治療を受けましたが、どれも効果なしでした。

　そして、ようやくたどりついた心理学者から、アルマンドには性同一性障害があると伝えられたのです。性同一性障害とは、自分の身体の性と性自認が不一致だと感じる人をさす言葉でした。何が起きていたかをやっと理解できた両親は、ひとまず安心して、アルマンドに男の子として生きることを無理強いしないと約束しましたが、心配もありました。そのころアルマンドはすでに11歳、そろそろ思春期にさしかかろうとしていたのです。

「これから第二次性徴期を迎えるのに、どうしてあげればいいのか、アルマンドが彼女らしく成長するには、どんな助けが必要なのか、考えなくてはなりませんでした」と父親は語ります。

ホルモン療法で第二次性徴をおさえる

　アルマンドの両親は、ある先進的な治療について知りました。同じような状況の若者に対して、第二次性徴のおとずれを先送りするホルモン治療です。体内でのホルモンの放出を抑制する注射をし、性的な成熟を止めるというものでした。

「生殖腺、つまり卵巣や精巣で、エストロゲン（女性ホルモン）やテストステロン（男性ホルモン）といった性ホルモンがつくられるのを抑制

できれば、性別にかかわる身体的特徴の変化のほとんどは、文字どおり"止められる"のです」と、ボストン小児病院の内分泌科医であるノーマン・スパック医師は言います。彼は、アメリカではじめてこの治療をおこなった医師のひとりです。しかし、この治療は患者の生殖腺にダメージをあたえるため、生殖能力が失われ、子どもをつくれなくなるとスパック医師は指摘します。

　16歳くらいになると、この治療は第二段階に入ります。今度は、本来の〔性自認と一致する〕性別に適したホルモンをとりいれることで、本人が望む性として成熟することができます。

「〔性同一性障害の人が〕自認する性別で生きやすくなるという意味で、これは画期的なことです」と、スパック医師は言います。

　これは、トランスジェンダーの人が、成人してから性別を移行しようとするときに直面する困難やトラウマの大きさを考えると、めざましい進歩です。ことに男性の身体に生まれた場合、成長するにつれて身長が伸び、ひげがはえ、のどぼとけ、大きな手足など、さまざまな男性的な身体的特徴があらわれるので、大人になってから女性に移行するのはとてもたいへんです。

　さっそく治療をはじめたアルマンドは、名前も「バイオレット」に変え、女の子としてくらしはじめました。はじめて女子として登校する日、バイオレットはドキドキしながら、両親のあとについて、おずおずと学校へ向かいました。

　そのとき父親が言いました。「それではだめだよ！　バイオレット。人の後ろについて歩くんじゃない。いっしょに歩こう」。そして、バイオレットは両親と手をつないで、いっしょに学校の門をくぐったのです。

　学校は親身に対応してくれましたが、先生たちはバイオレットがクラスメイトにからかわれたり、暴力を受けたりするのではないかと心配し

性的な成熟と第二次性徴の発達を遅らせると、男性と女性は、外見上ほとんど見分けがつかなくなります。

ました。でも、悪いことはなにも起きませんでした。バイオレットが女の子に移行すると決めてから、家族はずっと幸せになり、生活もシンプルになったと両親はいいます。

小さい子にはわからない？

バイオレットが受けた治療を最善だと思わない人もいます。思春期は、

ただでさえ若者にとって混乱の多い時期であり、いったん性別移行の決断をすると、それは長年にわたって生活に大きな影響をおよぼすからです。

英国ロンドンのポートマン・クリニックで働く心理学者ポリー・カーマイケルは、このように心配します。「子どものとき、絶対に〔性を〕変わりたいと言い張ったとしても、あとになってやっぱりちがった、気持ちが変わったということもあります」

ポートマン・クリニックで治療を受ける若者は、誕生したときに決められた性のままで生活することを求められますが、その80%以上が、成人してからもその性別のままくらすことを選ぶといいます。いっぽうで、思春期の若者に対する〔性別移行の〕治療が開発されたオランダの研究では、調査対象のすべての若者が、成人後もトランスジェンダーのままだったという報告もあります。

親の不安ととまどい

メグ・クラークには11歳のトランスジェンダーの娘がいます。同級生たちがセクシュアリティやからだの発達について多くを学んでいた時期に、娘には、自分のからだの発達について学べるような資料がほとんどなかったと彼女は言います。

「学校で、『自分のからだについて学ぼう』という授業があって、その日は男子と女子が分けられました。そんなとき娘は行き場がなくて、とても悲しかったそうです」

クラークさんも、バイオレットの両親と同じように、わが子が性自認で悩んでいることを理解していました。しかし多くの場合、親たちは、人とちょっとちがうジェンダーを生きるわが子にとまどい、従来の性別役割に当てはめようとします。それはたいてい、ほかにも選択肢がある

性自認や性的指向にかかわらず、だれもが男性的な特性と女性的な特性の両方をもちあわせています。その割合が、生物学的な性とあまりにも大きくちがうと、自分のからだが自分の本来の性(つまり性自認)を表現していないと感じるのです。

ことを知らないからです。もちろん、親としてわが子を守りたいという自然な気持ちもあります。ほかの子とちがうからといって、わが子がからかわれたり、いやがらせをされたり、暴力をふるわれたりしないか、心配なのです。

　1章にも登場したエリクソン＝シュロス医師はこう言います。「人とちょっとちがうジェンダーを生きる子をもつ親は、ほんとうに大変です。ほとんどの親は、わが子を理解しようと努力しますが、性別規範に合わない子にとって世間は冷たく、身の危険すら感じるのではと心配しています」

　エリクソン＝シュロス医師は、『トランスの身体、トランスの自分』という本をつくりました。この本は、性自認に悩む若者や思春期の子どもたちが、同じような悩みをもつ「人とちょっとちがうジェンダー」の子たちに向けて書いたものです。

　この本のなかでも、とくにトランスジェンダーの歴史の部分を、思春期の子どもたちに読んでほしい、とシュロス医師は言います。「なぜなら、世代間の断絶がなくなれば、多くの人びとが社会的・政治的な共通目標にむけて手をとりあえるからです」

性自認を封じこめることの問題性

　典型的な性別役割にそって生きるように子どもに強いても、自分をどちらの性と自覚するかを変えることはできません。自分のジェンダーはどうやら他人とちがうと感じる若者は、自分の性自認を否定するようしむけられると、うつ病や不安症になったり、自死を考えたりすることさえあります。

　それだから、教育や理解がとても重要なのです。子どもが自分をどちらかの性だと自覚したら、その性自認を尊重することが最大のサポート

トランスジェンダーの存在は現代にかぎったものではありません。日本もふくむかつてのアジア文化圏では、トランスジェンダーであることが受け入れられ、敬意をはらわれた地域もありました。

です。友だちや家族は、性別感覚が少し他人とちがった子どもたちと、どのように接し、なにをしてあげればよいのか、とまどうこともあるでしょう。でも、もっとも大切なことは、オープンな気持ちでよく話を聞くことなのです。

　バイオレットの姉のメリナは、バイオレットが幸せでいるために、もしも自分がトランスジェンダーだったら？　と考えてみました。そして、自分の思う性別と一致しない身体で生きることが、どれほど怖くて、不安で、とまどうことか、ようやく理解できるようになりました。

　「自分のほんとうの性でいられないことは……あまりにも怖くて、不快で、想像を絶することです」とメリナは言います。

父親がバイオレットを「娘」として受け入れられるまでには、長い時間がかかりました。でも、いまでは、だれかに「そんな幼いころに、自分の性別がわかるはずがない」と言われると、腹を立てて反論します。
「"小さすぎて、そんなことわかるわけがない"と言う人がいる。では、あなたは自分が女の子だといつから気づいていましたか？　自分が男の子と気づいたのはいつだったでしょう？　もの心ついたときから知っていましたよね。はっきりといつだったかは覚えていないとしても、10歳になって突然、自分は男の子だ！と気づいたわけではない。それよりもずっとずっと前に、子どもは自分の性を決めているのです。たまたま性自認と身体の性が一致していたから、そのことに気づかないだけなんです」
　ほかの10代のトランスジェンダーにくらべると、バイオレットは幸運なほうです。両親やきょうだいに理解され、しっかりと支えてもらっています。こうした強い基盤は、彼女がトランスジェンダーとして成人し、社会へ出ていくための大きな助けとなるでしょう。

トランスジェンダーの子どもの支援団体が公共機関に出したポスター。「わたしはこども。あなたの隣に住んでいる。あなたのクラスにいる。あなたと同じ教会に行く。もしかしたら、あなたの子かもしれない。そして、わたしはトランスジェンダー」と書かれています。

もっと知りたい！　トランスジェンダーのコミュニティ

　トランスジェンダーの子どもと、その家族を支援する団体の例を紹介します。

英語のウェブサイト

- トランスユース・ファミリー・アライズ（www.imatyfa.org）
  親をサポートするネット上のグループで、学校や医療関係の情報を提供している。
- トランスファミリー（www.transfamily.org）
  トランスジェンダーの子どもや10代、その親のためのディスカッショングループをメールで提供。
- ジェンダースペクトラム（www.genderspectrum.org）
  トランスジェンダーの健康や利用可能なサービスについての情報。イベントやサポートグループ集会も企画している。

日本語で読めるウェブサイト

- GID info（https://gidinfo.jp）
  GID（性同一性障害）についての基礎知識や医療機関の情報。
- LGBTER（エルジービーター）（http://lgbter.jp）
  トランスジェンダーも含むLGBTの体験談やストーリーを紹介している。
- LAPH（ラフ）（www.laph-ftm.com）
  FtMのための雑誌『LAPH』を刊行している。
- ハートをつなごう学校（http://heartschool.jp）
- LGBTの家族と友人をつなぐ会（http://lgbt-family.or.jp）

 たしかめよう

- 子ども時代には、まだ自分がトランスジェンダーであることをじゅうぶん自覚できないと思いますか？
- 家族にトランスジェンダーの子どもがいたら、親やきょうだいは、どうサポートすればいいでしょうか。
- 子どもが思春期をすぎて成長するうちに、性自認は変わっていくものでしょうか。

チャレンジしよう

- 子どもがトランスジェンダーだとわかったとき、親が心配することをリストにしてみよう。そのなかで、どれが正当な心配ごとで、どれが偏見（へんけん）やまちがった情報にもとづくものか考えよう。
- 同年代の友だちにトランスジェンダーの子がいたり、そういう子を知っていたりしたら、これまでどんな経験（けいけん）をしてきたか、たずねてみよう。
- もしも自分が性別を移行するとしたら、どんな特性や特徴を望むか、リストにしてみよう。

3　トランスジェンダーとして育つ

コメディアン、俳優、作家として活躍するイアン・ハーヴィーは、トランス男性としての経験をお笑いに取り入れています。彼は、かずかずの賞をとった「トランスペアレント」というネットTVシリーズにも出演しています。

4
大人になる
～トランスジェンダー
として生きること～

 キーワード解説

著名：広く知られた人、影響力のある立場にあること。
バックラッシュ：社会や政治の進展に対して反発する、大勢の人による対抗的な行動。
アドボカシー：社会的な少数派など、特定の集団の人権を守るために行動し、主張すること。

アメリカにおいて、トランスジェンダーの人たちの生活はしだいによくなっており、いまでは数か月ごとに、なんらかの新しい進展が見られます。アメリカ国防総省は、トランスジェンダーの人の軍隊への入隊を認めない現在の方針を変更するつもりであることがわかりました〔2016年に実際に変更され、入隊が可能になりました〕。
　その後、精神科医のバイブルである〔アメリカの〕『精神障害の診断と

統計マニュアル』（DSM）から「性同一性障害」という用語が外れ、より中立的な「性別違和」という言葉が採用されました。

　こうした画期的なできごとには、かつてよりもトランス男性やトランス女性が公共の場に姿をあらわすようになったことが、少なからず影響しています。トランスジェンダーとしての体験を同じ人間として理解できるようになり、一般の人にも理解が広まったのです。

　俳優のラヴァーン・コックスのように、性別移行してから著名になったトランスの芸能人もいます。チャズ・ボノ〔俳優、ミュージシャン、作家〕のように、性別移行する前から有名で、性別移行のプロセスを公開した人もいます。チャズは有名歌手であるソニー・ボノとシェール夫妻の娘として生まれ、LGBTの人権擁護活動家として有名になりました。

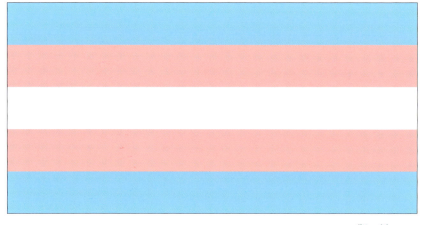

2000年にアリゾナ州フェニックスで開かれた「プライドパレード」（第1巻参照）で、トランスジェンダー・プライドのシンボル旗がはじめて登場しました。これをデザインしたモニカ・ヘルムズは、トランスジェンダーのコミュニティの多様性をあらわすために、通常、男の赤ちゃんに着せる水色と、女の赤ちゃんに着せるピンクを使い、中央に白をあしらいました。白は「性別移行をしている人、中性の人、ジェンダーがないと思う人などをあらわす」とされています。

アメリカポップス界のおしどりデュオ「ソニー＆シェール」を親にもつチャズ・ボノが、トランス男性であることを公表してアドボカシー（権利擁護）活動をしていることも、トランスジェンダーの認知と理解に役立っています。写真はチャズ（右）と当時のパートナー。

現在のアメリカで、もっともセレブなトランスジェンダーといえばケイトリン・ジェンナーでしょう。ジェンナーは、1976年夏季オリンピックの男子陸上十種競技で金メダルをとり（当時はブルースという男性名でした）、アメリカ人にとって男らしさの象徴となりました。しかし皮肉なことに、セレブという立場のせいで、ジェンナーは中年になるまで本来の性別に移行することができなかったのです。

「わたしの育った時代は情報もなく、いまとは事情がまったくちがいました。スポーツ、結婚、家族……気をそらすできごとはたくさんありましたが、65歳になって、10歳のときからかかえていた悩みに、ふたたび直面したのです。そしてとうとう、これをなんとかしなくては、と決意したわけです」

　ジェンナーにとって「なんとかする」とは、2015年に雑誌の表紙を飾ることでした。この魅力的なポートレートを撮影したのは著名な写真家アニー・リーボヴィッツで、読者にむけて「わたしをケイトリンと呼んで」と呼びかける見出しつきでした。ジェンナーの陸上選手としての全盛期はもとより、5年前ですら想像もできなかったことでした。

受容と拒絶はうらおもて

　トランスの人の権利が守られるようになったことは大きな成果ですが、そこにはリスクもあります。ほとんどの社会運動に共通することですが、以前より存在が可視化され、受容されることが、逆に**バックラッシュ**の引きがねとなることもあるのです。トランスジェンダーの人たちは、個人としても、社会集団としても、とりわけそういった攻撃にさらされやすいのです。

　トランスの人たちを守る雇用規則がないため、トランスの人の解雇が多発しています。アメリカのほとんどの州には、まだ性自認にもとづく

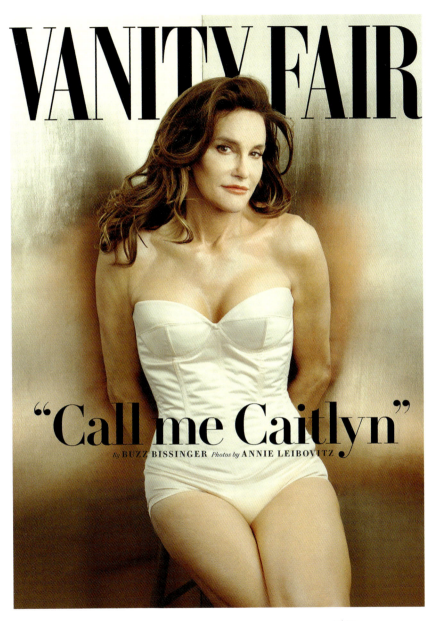

性別移行したケイトリン（ブルース）・ジェンナーを全世界に紹介した『ヴァニティ・フェア』誌の表紙（2015年7月号）は衝撃的でした。

解雇を禁じた法律がないのです。「職場の平等をめざす企業連合」という団体が、アメリカ連邦議会の公聴会に提出した手紙の一部を紹介しましょう。

> わたしたちの職場ではすでに、働く人、顧客、そして株主に対しても、企業としての価値観を明確にし、透明性を高めるために、差別禁止の方針を定めています。そのなかには性自認と性別表現に対する差別も含まれます。この方針は幅広い分野で受け入れられ、職場での最低限のルールが確立できたと思っています。多様性の尊重というこの理念と実践は、すべての従業員がじゅうぶんに、堂々と働けることをめざすものです。すべての働く人を公平にあつかうことで、わたしたちは優秀な人材を採用し雇用しつづけることができます。それこそが、組織に資する多様な考えと視点を提供してくれるのです。

この手紙には、アメリカ銀行、マイクロソフト、ゼネラルモーターズ、イーストマン・コダック、リーバイス、グーグルといった、そうそうたる企業が署名しました。

それでもなお、近年のトランスジェンダーに対する差別実態全国調査（NTDS）によれば、回答者の47％が、トランスジェンダーや性別規範に合わせないことで解雇されたり、採用されなかったり、昇進できなかったりした経験があるといいます。さらに15％は、いまの生活が「きびしい貧困状態」であると答えています。この率は、ヒスパニック系のトランスジェンダー・コミュニティでは28％に、アフリカ系アメリカ人〔黒人〕では、なんと34％にものぼります。トランスのホームレス化も根強い問題です。とくに、親から家を追い出されて、自活能力のない10代のホームレスが大きな問題です。トランスの10代の41％が自死未遂の経験

があるという、たいへん深刻な数字があります。

トランスジェンダーの人びとに対する世間の見方を変える

　エリクソン＝シュロス医師によると、トランスジェンダーの人が生きやすい環境は、ちょっとした気づかいでつくれます。たとえば、ジェンダーを問わず利用できるトイレをつくるとか、病院の問診票などの性別欄に「トランスジェンダー」の選択肢を加えるといったことです。そうすれば患者は医師に話をしやすくなるはずです。生まれたときにつけられた名前とは別の名で呼ばれたいと思っている人もいるので、名前の欄に「希望する呼び名」を書けるようにするのもいいでしょう。

　残念ながら、こんなちょっとしたことでも、実現しようとすると反対にあいます。現在、トランスジェンダーの人が公衆トイレを使うとき、出生証明書に書かれた性別にしたがうべきだという「トイレ法」が提案されています。そして、運転免許証のような正式な身分証明書を取ることができないと、トランスの人生にはいろいろな不備が生じます。さまざまな公共サービスを受けられなかったり、受けるのが遅れたりするのです。全米最大のLGBTの人権擁護（**アドボカシー**）団体であるヒューマンライツ・キャンペーン（HRC）によると、多くの州でトランスジェンダーの人には性別移行の医療証明書を提出することが要求されています。けれども、トランスの人すべてが性別移行するわけでも、そう望むわけでもありません。

　しかし、まったく希望がないわけではありません。まちがいなく進歩も見られます。アメリカ国務省は2010年6月に、アメリカ市民が使うパスポートやその他の書類において、性別変更に関する方針を改定したと発表しました。しかるべき性別移行治療を受けた人については、医師の証明書を提出することで、パスポートに記された性別を変えることが

できるというものです。

　トランスジェンダーの人権を専門にあつかうドリュー・レバサー弁護士は言います。「トランスジェンダーの人びとを尊重する待遇が受けられるようになり、国務省に感謝しています。トランスジェンダーの人びとにも安全に旅行する権利があるのですから。トランスジェンダーの人が国外を旅するとき、パスポートの性別と外見が一致しないと、危険な目にあいやすいのです。この新しいガイドラインのおかげで、トランスの人がより安全に旅することができるでしょう」

困難を乗りこえる価値

　しかしながら、現在のところ、トランスの人にとっては、ごく普通の1日を過ごすことさえ困難なことがあります。〔身体と性自認の性別不一致を感じない〕**シスジェンダー**の人にとっては、さまざまな判断や行動を自分のジェンダーにもとづいてするのはあたりまえで、とくに考えることでもありません。でもトランスジェンダーの人は、同じ状況でも、さまざまな配慮や調整をしなくてはならないのです。

 もっと知りたい！　性別のない呼びかたはできる？

　自分を男性とも女性ともみなさない人に対してどう呼びかけるか、その人について話すとき、どうすればよいかが問題になることがあります。自分を男でも女でもないと思う人にとって、「彼 (he)」も「彼女 (she)」も自分のことではありません。英語には中性代名詞がないため、ジェンダーの多様なLGBTコミュニティが、性別のない呼びかたを考えだしました。現在そこでは「ze」という呼びかたがもっとも一般的です。「ze」は、he/his/himと同じように、ze/zirs/zirと格変化します。

2015年11月20日、ウェストハリウッドでおこなわれたトランスジェンダー・コミュニティのパレード。トランスフォビア(トランスジェンダー嫌悪)により命を落とした犠牲者を追悼し、世界中のトランスジェンダーが被っているヘイトクライム(憎悪犯罪)を防止するため、毎年11月20日をトランスジェンダーの日としています。

　トランスジェンダーの人びとへの医療やヘルパーサービスを支援するヘレナ・バレットは言います。「ちょっと立ち止まって考えてみると、ジェンダーの区分けはそこらじゅうにあります。トイレに入るとき、服を買うとき、そして軽い会話にもジェンダーがからんできます。職場の人間関係は、ただでさえむずかしいものですが、トランスジェンダーの人にとってはもっとずっと複雑です。職場の人がジェンダーの問題性を理解していなかったり、無知だったりすれば、なおさらです」

　小さい困りごとから看過できないできごとまで、トランスジェンダーの人は数多くの困難に直面します。それでも、性別移行をしたことを後

悔しているトランス男性やトランス女性は、ほとんどいません。やっとほんとうの自分、ほんものの自分になれた純粋な喜びにくらべたら、これまでに経験した困難などなんでもない、と熱心に語ってくれるのです。

❓ たしかめよう

- トランスジェンダーとしてカミングアウトすることの、プラス面とマイナス面はなんでしょうか。
- トランスジェンダーの従業員の勤務をサポートするために、企業はどんなことができるでしょうか。
- トランスの人のかかえる問題は、それぞれの文化や民族性によってちがってくるものでしょうか。
- 人生のなかで、性別移行を決断するのが遅すぎることはあるでしょうか。

❗ チャレンジしよう

- 住んでいる都道府県にLGBT支援団体があるか調べて、そこに所属するトランスの人がいれば、本来の自分になるための性別移行のプロセスについて、インタビューさせてもらおう。
- 「性別適合治療」などのキーワードで日本語のサイトを検索し、性別移行のさまざまな方法について調べてみよう。
- 性別移行をした1年後の自分を想像してみよう。5年後はどうだろう？ 10年後は？

📖 用語集

あ行

アイデンティティ(identity)
ある個人や集団が、自分自身をどのように定義し理解するか。

あいまい(ambiguous)
はっきりせず混乱していること。

アクティビスト(activist)
社会的な活動や個人的な活動を通して、社会に変化をもたらそうとする人びと。

悪魔化(demonize)
人やものごとを邪悪なものとして描くこと。

アドボカシー(advocacy)
社会的な少数派など、特定の集団の人権を守るために行動し、主張すること。

アライ(allie)
LGBTの人びとと同じ側に立って支援する人。

遺伝子(gene)
目の色のように、人や生き物の生物学的な特性を決める因子。細胞の中の染色体に含まれるDNAとよばれる物質の配列によって決定される。

逸脱(deviation)
異常なこと。一般に「ふつう」とされる状態から外れること。

医療過誤(malpractice)
知識や注意の不足によるものか、わざとかを問わず、医師や医療専門家が誤った助言や治療をすること。

いんちき療法(quackery)
医療の資格を持たない人が、医師や専門家のふりをして助言したり治療をしたりすること。

右翼、右派(the right)
政治や宗教において、社会変革や新しい考えに反対する立場。「保守派」と共通することが多い。

LGBT(Q)
レズビアン、ゲイ、バイセクシュアル、トランスジェンダーの頭文字をとった総称。「クエスチョニング」(自分の性自認や性的指向を模索中)や「クィア」(規範的異性愛以外のすべてのセクシュアリティを指す)の頭文字「Q」を加えてLGBTQと言うこともある。

エンパワー(empower)
だれかに強さや活力をあたえ、その人が自信をもてるようにはげます行為。

女っぽい(effeminate)
女性的とされる特性を男性がもつこと。

か行

介入(intervention)
人びとの考えかたや行動を変えることを手助けするための、系統だてた試み。

解放(liberation)
抑圧や迫害から解き放たれ自由になること。

過激主義者(extremist)
政治や宗教において、極端で乱暴な方法をとることを好む人や集団。

カミングアウト(coming out)
LGBTの人が、自分の性的指向や性自認を他の人に公表して生活することを「カミングアウト」という。いっぽう、その人の意思に反して性的指向や性自認を公表されることを「アウティング」という。

慣習(custom)
社会のなかで一般に通用し受け入れられている考えかたや行動。

寛容(tolerance)
お互いのちがいを認め、敬意をはらうこと。

戯画(化)(caricature)
ある人物の特徴を大げさに描くこと。

共感(empathy)
だれかの立場になってその人の気持ちを想像し、思いを寄せること。

草の根(grassroots)
政治的な行動などが、国や世界といった大きな規模よりも、地域など身近なレベルからはじまること。

クローゼット(closeted)
LGBTの人が、自分の性的指向や性自認を隠すことをいう。

ゲイ解放運動(gay liberation)
同性愛者の平等な市民権と法的な権利をもとめる運動。1950年代にはじまり、1960年代後半から70年代にかけて、社会的・政治的な変革をうながす大きな影響力をもった。

さ行

差別(discrimination)
性的指向や性自認、肌の色、民族、宗教その他の要因を理由に、他の人とちがう〔不利な〕あつかいを受けること。

ジェンダー(gender)
男らしい・女らしい、どちらともちがうなど、身体の性別にもとづいて社会が決める性別のこと。

シスジェンダー(cisgender)
生まれたとき診断された性別と自分の性自認が同じ人。トランスジェンダーの反対語。

市民権、公民権(civil rights)
法の下に個人の自由と政治的な自由を保障される、市民としての権利。

社会的権威(the establishment)
社会のなかで影響力や権力をもつ立場にいる人びと。

社会的排除(marginalize)
ある人を社会の中でわきに追いやり、他と同等にあつかわないこと。

心理学者、精神科医(psychologist / psychiatrist)
どちらも、人間の精神や行動を研究したり、治療したりする専門家。ただし、精神科医は医師であり薬を処方することができる。心理学者は医師ではなく、対話によるセラピーをおこなう。

推測(assumption)
たしかな証拠にもとづかずに導かれた結論。

スティグマ(stigma)
恥ずべきことだというレッテルを貼ること。烙印。

ステレオタイプ(stereotype)
固定観念。ある人を判断するとき、その人が属する特定の集団に対する考えかたにもとづいて(多くの場合、不公平な見方で)評価すること。

スペクトラム(spectrum)
連続体。幅広く多様であること。

性自認(gender identity)
生まれたときにあたえられた性がなんであれ、その人自身が自分を女性と思うか、男性と思うかなどの自己イメージ。性同一性ともいう。

性的指向(sexual orientation)
ある人が肉体的・感情的にどの性に惹かれるか。ことなる性に惹かれる(異性愛)、同じ性に惹かれる(同性愛)、両方の性に惹かれる(バイセクシュアル)、どの性にも惹かれない(アセクシュアル)などがある。

性別役割(gender role)
ある文化の中で、男性・女性のそれぞれにとって適切だと考えられる行動や特徴。

染色体(chromosome)
遺伝子がミクロの糸状になったもの。細胞の中にあり、性別をはじめ生物のあらゆる特性を決定する情報を運ぶ。

先天的(inborn)
外見でわかるかどうかを問わず、ある特性が生まれたときからその人に備わっていること。

先入観(prejudice)
ある人や集団に対する、たしかな知識にもとづかない(多くの場合、否定的な)思いこみ。

疎外(alienation)
ほかの人や社会から、自分が外れていたり距離があるという感覚をもつこと。

た行

タブー(taboo)
宗教や社会の規範のなかで、してはいけないとされていること。禁忌。

多様性(diversity)
さまざまな背景や特徴をもった人びとによって集団や地域社会が構成されていること。

中傷(epithet)
だれかをおとしめるような、侮辱的な言葉や物言い。

匿名(anonymous)
自分の名前を知らせず、だれかわからないようにすること。

トラウマ(trauma)
強い衝撃を受けて、長く残る心の傷。心的外傷ともいう。

トランスジェンダー(transgender)
自分の性を、生まれたときに割りあてられた性別とことなる性と感じる人。

な行

内分泌科医(endocrinologist)
ホルモンの病気や障害の治療を専門とする医師。

内面化(internalized)
たとえば、自分に対する否定的な意見を信じてしまうといった場合、その人は他者の意見を「内面化している」という。

二元論(binary)
ものごとを二つの対でとらえ、二通りしかないとする考えかた。

二項対立(dichotomy)
二つの対立する集団に分かれること。

は行

バイアス(bias)
客観的で公平であることのさまたげとなる、特定の見方や考えかたに偏りがちな傾向や志向。

パイオニア(pioneers)
新しいことや新しい生きかたに最初に挑戦する人びと。先駆者。

排斥(ostracize)
ある集団からだれかを追い出すこと。

バックラッシュ(backlash)
社会や政治の進展に対して反発する、大勢の人による対抗的な行動。

ハラスメント(harassment)
からかい、いじめ、身体的な脅しなど、継続しておこなわれるいやがらせ。

侮蔑(derogatory)
相手の価値をおとしめたり、恥をかかせたりすることを目的とした、批判的で冷酷な言動。

ヘイトクライム(hate crime)
その人の人種や信仰、性的指向や性自認といった特徴を理由におこなわれる攻撃や違法行為。憎悪犯罪ともいう。

ペルソナ(persona)
外的人格。演じられたキャラクターや人格。

偏見、偏狭(bigotry)
自分とことなる宗教や信念、外見、民族的な背景などに対する理解がなく、がんこなまでに不寛容であること。

包摂(的)(inclusive)
あらゆる考えやものの見方を想定でき、包みこめること。

保守派(conservative)
社会の変化や、新しい考えかたに警戒心や抵抗感のある人びと。

ホモフォビア(homophobia)
同性愛者への恐怖や嫌悪、憎しみ。同様にトランスジェンダーに対する恐怖や嫌悪は「トランスフォビア」という。

ホルモン(hormone)
からだの中でつくられ、生理学的機能を調整する化学物質。ひげがはえたり、胸がふくらんだりといった雌雄の特性もホルモン作用によって起こる。

ま行

マイノリティ(minority)
支配的な集団の配下にいる人びと。少数派。

マジョリティ(majority)
支配的な集団に属する人びと。多数派。

メインストリーム(mainstream)
多数派の中で容認され、理解され、支持されていること。主流派。

メンター(mentor)
自分より若い人を支援したり、教え導いたりする人のこと。師、師匠。

や行

抑圧(oppress)
個人や集団を、下位の立場におしとどめること。

ら行

リベラル(liberal)
新しい考えに耳を傾け、進歩的で、他者の考えやライフスタイルを受け入れ支援する人。

理論(theory)
研究や実験、証拠にもとづいた考えや説明。

論争(的)(controversy)
意見が衝突し、緊張や強い反応を引き起こしやすい、やっかいな問題。

用語集

さくいん

あ行
アドボカシー　45, 47, 51
イアン・ハーヴィー　44
異性愛（ストレート）　14, 25, 28, 29, 31
異性装　25, 31
インターセックス　27
Xジェンダー　23
FtM　27, 28
MtF　27, 28
LGBT　3-5, 21, 46, 51
男らしさ　9, 13, 14, 16, 48
女らしさ　9, 13, 16

か行
クロスドレッサー　22, 25, 27
ケイトリン・ジェンナー　48, 49

さ行
ジェンダー　9-20, 22-27
アイデンティティ　22, 29
ジェンダークィア　23
ジェンダー特性　13, 18
ジェンダーのバリエーション
　　21-23, 26, 31
自死（自殺）　4, 5, 38, 50
シスジェンダー　23, 52
ジャネット・モック　30
女装　16, 25, 26
身体の性別　9, 13
ステレオタイプ　21, 25
スペクトラム　21, 25
精神障害の診断と統計マニュアル
　　（DSM）　45
性同一性障害（GID）
　　23, 28, 31, 33, 34, 42, 46
性分化疾患（DSD）　27

性別移行
　　27, 28, 36, 43, 46-49, 51, 53, 54
性別違和　46
性別規範に合わせない生きかた
　　11, 12, 17, 29, 31, 38, 50
性別適合手術　23, 27
性別役割　11-19, 22, 25, 36, 38
性ホルモン　33, 34
セクシュアリティ　12, 22, 29, 36

た行
第二次性徴　33, 35
男装　16, 20, 25
チャズ・ボノ　46, 47
トイレ法　51
同性愛（ゲイ）　12, 14, 21, 28, 31
ドラァグキング　25
ドラァグクイーン　22, 25, 26
トランスセクシュアル　22, 23, 28
トランスフォビア　53
トランスベスタイト　25

な行
内分泌科医　32, 34
二元論　9, 14, 15, 19, 27
ノンジェンダー　23

は行
バイジェンダー　23
バックラッシュ　45, 48
ヒューマンライツ・キャンペーン
　　（HRC）　51
偏見　16, 21, 43
ホルモン療法　27, 33-34

ら行
両性具有　27

著者
ロバート・ロディ（Robert Rodi）
米国シカゴ在住の作家、ライター、パフォーマー。LGBTをテーマにした多くの物語や評論などを発信している。

ローラ・ロス（Laura Ross）
ライター、編集者。ニューヨークで30年以上にわたり出版にたずさわってきた。

訳者
上田 勢子（うえだ せいこ）
翻訳家。1979年より米国カリフォルニア州在住。現在まで約90冊の児童書・一般書の翻訳を手がける。主な訳書に『学校のトラブル解決』全7巻、『わかって私のハンディキャップ』全6巻（ともに大月書店）ほか。

日本語版監修
LGBT法連合会
（正式名称：性的指向および性自認等により困難を抱えている
当事者等に対する法整備のための全国連合会）

性的指向および性自認等により困難をかかえる当事者等に対する法整備をめざし、約60の団体等により構成される連合体。教育、公共サービス、雇用などさまざまな分野において、性的指向や性自認にもとづく差別をなくすための「LGBT差別禁止法」の制定を求めている。
http://lgbtetc.jp/

わたしらしく、LGBTQ ③
トランスジェンダーってなに？

2017年 3 月21日　第 1 刷発行
2019年12月 6 日　第 3 刷発行

著　者　ロバート・ロディ、ローラ・ロス
訳　者　上田勢子
発行者　中川　進
発行所　株式会社 大月書店
　　　　〒113-0033　東京都文京区本郷2-27-16
　　　　電話（代表）03-3813-4651　FAX 03-3813-4656
　　　　振替00130-7-16387
　　　　http://www.otsukishoten.co.jp/
本文DTP　明昌堂
印　刷　光陽メディア
製　本　ブロケード

ⒸSeiko Uyeda & Japan Alliance for LGBT Legislation　2017

定価はカバーに表示してあります
本書の内容の一部あるいは全部を無断で複写複製（コピー）することは法律で認められた場合を除き、著作者および出版社の権利の侵害となりますので、その場合にはあらかじめ小社あて許諾を求めてください

ISBN978-4-272-40713-2　C8336　Printed in Japan